Dieckhoff · Meier   Wa meinsch Du?

Klaus Meier

Wa meinsch Du?

E Hämpfeli Lache
un anderi Sache

Neui hochalemannische Gedichtli
und alti Narresprüch

Mit Zeichnungen
von Gertrud Dieckhoff

Weidling Verlag

Zit isch do

Wa meinsch Du?

Wer Kchrach macht
würd immer ghört;
aber er hört,
daß'r stört.

Wer aber manirlig
emol uf d'Paukche haut,
dä weiß, daß mr ihm vetraut
un z'Kenntniss nümmt

un sait:
Wa Du saisch, sell stimmt!

Mi Haimet

Mi Haimet sin di schöne Schwarzwaldberg
gern denkch ich zrug an eu dört obe.
Ich glaub sell war e Meischterwerkch
d'Schöpfer mueß ich dankchend lobe.

Pfift dört au mol en chalte Wind
un isch d'Natur weng ruch,
ich ha Wärmi gspürt als Chind,
dört obe isch's so Bruuch.

Du Haimetdörfli ufm Berg,
mit diene Matte, dunkchle Tanne,
wo's'Echo wunderschö vehallt
dörthi ziehts mi hüt no ane.

Ich bhalt im Herze als mi eige Wert
e Stückchli Haimet als Erinnerung,
wenn d'Jugendzit au nümmi widerkehrt
Gedankche a mi Haimet blibet immer jung.

Wa meinsch Du?

E schös Hüsli
E weichs Bett
E brave Ma

die drei Sache möcht i ha!

En Öpfel, wo suur isch,
söll mr vemoschte;

e Maidli, wo süeß isch,
loß it veroste!

Wer? Wer?

Wer hät no hüt Zit?
Wer isch so vesetzt?
Wer macht alles mit?
Wer isch es jetzt?

Wer hät no hüt Zit?
Wer duet no überlege?
Wer würd fascht verukcht?
Wer hetzt durchs Lebe?

Wer hät no hüt Zit?
Wer cha no so lache?
Wer macht do no mit?
Wer duet e Späßli mache?

Wer hät no hüt Zit?
Wer hokcht am Hebel?
Wer bremst di veruckchte Lüt?
Wer – Wer isch so edel?

Alli kchönntet ruhige
bsunneni Mensche si.
Mit viil Zit
un ohni Hatz.

Mach langsam Fründ
un blib debii,
no sin mr
recht am Platz.

Narresprüch vo Waldshuet un vo Düenge

Hüt goht d'Fasnet a
mit de rote Pfiife
Hanselma, du Lumpehund
häsch it gwüßt, daß Fasnet kchunnt
hätsch di Mul mit Wasser griebe
wär dr s'Geld im Beutel blibe.

Hoorig, hoorig, hoorig isch di Kchatz
un wenn di Kchatz it hoorig isch
no fangt se kchaini Müs.

Alti Wiiber un Ente
schnattere uf em See
un wenn si wit vetränkche
no sin se niene meh.

Borschtig, Borschtig,
Borschtig isch di Sau
un wenn di Sau
it borschtig isch
no isch's kchai rechti Sau!

Hansilima hät d'Hose lätz a
hinte un vorne Zöttzeli dra.
Blätz am Füdle, Blätz am Loch
Hungerliider sin r doch.

Es hockchet drei Narre
uf s'Hanseles Kcharre.

Wi rüefet di Narre?

Narri – Narro!!!

Für Narresprüchli ha ich immer Platz
hoorig – hoorig isch di Kchatz

Wi machets denn di Metzger?
Di Metzger machets so:
si kchaufet e alti Hudlegais
un säget s'wär vom beste Fleisch.
D'Metzger machets so.

Wi machets denn di Schriner?
Di Schriner machets so:
si schiebet de Hobel hi un her
un denkchet, wenns nu scho Obed wär.
D'Schriner machets so.

Wi machets denn di Glaser?
Di Glaser machets so:
si machet s'Fenster zu un uf
gohts hi, haut mr's uf d'Schiibe druf.
D'Glaser machets so.

Wi machets denn di Murer?
Di Murer machets so:
si biget Stei uf Stei am Bau
am Mändig fiiret se dänn blau.
D'Murer machets so.

Wi machets denn di Hafner?
Di Hafner machets so:
si tribet d'Schiibe g'schnell ringsum
fladiert em chumm Häfeli chumm.
D'Hafner machets so.

Wi machets denn di Wirte?
Di Wirte machets so:
si brünzle in e Fäßli i
un säget s'wär vom beschte Wi.
D'Wirte machets so.

Wi machets denn di Bäckcher?
Di Bäckcher machets so:
si nämme für en Chrützer Teig
un säge s'wär en Batzelaib.
D'Bäckcher machets so.

Wi machets denn di Schuehni?
Di Schuehni machets so:
si chlopfet s'Leder uf'm Brett
bis ene s'Hämb am Füdle chläbt.
D'Schuehni machets so.

Wi machets denn di Blächner?
Di Blächner machets so:
do e Blächli, dört e Blächli
git scho wider e Abtrittdächli.
D'Blächner machets so.

Wi machets denn di Bure?
Di Bure machets so:
si fahret d'Äckcher uf un ab
un fluechet schier de Himmel ab.
D'Bure machets so.

Früehligszit

Wenns ersti Grüen
am Baum so tribt,
isch vorbei di
chalti Winterszit.

Chumm Früehlig chumm
ich chas nümm vewarte,
bis ich kchrustle cha
i mim chline Garte.

Wenns ersti Blüemli
uf de Matte sprüßt
un mr ganz tüf
s'mild Lüftli gnüßt.

Wenns Vögeli pfift
vom Baum – Twit – Twit,
dann glaub mr's
s'isch Früehligszit.

Zum Muetterdag

Du mi liebs
Müertterli
ich bi din
chline Sunneschi.
Ha ich dr it
vil z'gebe
e Strüßli Blueme
rupft ich ebe.

Ich will immer
manirlig si
un Husufgabe
mache gli.

Au d'Vatter
hät mi gern,
wenn ich immer
ordlig lern.

Doch sin
im Herze weich,
wenn ich mach
en chline Streich.
Jetzt Muetter aber
will din Bue,
vo sellem Kchueche
e groß Stukch dezue.

Mi Gärtli

Mi Gärtli isch vo alle Orte,
mi besti Haimet un mi Lebe;
do lüchtet Blüemli alli Sorte,
vo hufe Blüetli rings umgebe.

Mi Gärtli isch e Bluememeer,
des freut mi allbot wider.
Wenn ich heimwärts widerkehr,
grüeßt mi d'Rose un de Flider.

Doch wa mi Gärtli chostbar macht,
des isch min Stolz dä meint,
daß di ganzi Blüetepracht
durch eigne Fliß im Gärtli kcheimt.

Auszählreim

Sunneschi, Sunneschi,
fahr übr de Rhi

fahr übr s'Glokchehus
lueget drei Puppe us

eine spinnt Side
di andr wickchlet Wide

eine goht as Brünneli
findet e herzigs Chindeli

Wer sölls hebe?

D'Töchtere usem Löwe

Wer mueß d'Windle wäsche?

Di alte Schnättertäsche.

De Chriesibaum

Wenn am Baum
die Chriesli rot
us dem
grüene Laub erglüehe,
des isch mi
allerschönsti Zit,
un um de Baum
duet alles blüehe.

Buebe suechet
Chriesli sich,
am Baum
un au
a s'Nochbers Heckche.
Selbst de chlinsti
Bubichopf
mueß sich
noch de Chriesli
streckche.

D'Schbatze pfifets
scho vom Baum,
in Schaare ihr
tiwitt – tiwitt,
au für üs
isch Chriesizit.

So roti Chriesli
sell isch kchlar,
schmöckcht
de Buebe
un de
Schbatzeschaar.

Sin d'Chriesli no
us Nochbers Garte,
no cha mer s'Riife
kchaum vewarte.

Wie e Maidli
wo du heimlig
möchtischt kchüsse,
cha ich halt
di roti Chriesli
it vemisse.

S Pfingstdübli

Do gits bi üs
ame Ort uf'm Wald
e kchristliche Bruuch
dä isch scho alt.

A Pfingste
würd dört obe rum
i de Mess bim Evangelium
als Sinnbild
des Geistes Heiligkeit
e zahms Dübli
im wiße Fäderekchleid
flüge lo useme Fach
ganz obe unterem
Kchirchedach.

D'Meßmer also loßt
des Dübli flüge
wenn er vom Pfaarer
vo unte
duet d'Uftrag kchriege.

Und der Heilige Geist
kcham auf Sie herab –
Hei flüg jetzt Dübli
vo de Dekchi ab.

Dreimol rüeft d'Pfaarer
isch des hüt mögli,
dä Satz em Meßmer zue
jedoch vergebli.

De Sell vekchündet
ufgregt unterdesse:

D'Heilig Geist
cha hüt it kcho
d'Kchatz hät'n gfresse!

Auszählreim

eins
zwei
drei
vier
fünf
sechs
siebe

i de Hauptstroß
Nummre siebe
isch e neus Chind gebore.

Wi sölls heiße?

Marili – Bruddeltäsche.

Wer will ihr d'Windle wäsche?

Ich oder Du?
Einer mueß tue!

E wunderschös Blüemli

Ich ha aneme Ort
e Blüemli gseh
e Blüemli
so rot un wiß
du bisch mi ganze Stolz

Sell Blüemli isch
jetzt niene meh
un des duet mr
im Herze weh
du bisch mi ganze Stolz

Chumm hilf mr sueche
des Blüemli chli
un lo mi
bi sellem Blüemli si
du bisch mi ganze Stolz

O Blüemli chli
o Blüemli chli
ich möcht gern
bi dir si
du bisch mi ganze Stolz

Chumm Schätzli

Marili
Marili
du goldige
Chrab

Stig mit mr
uf's Bergli
flüg aber
it rab

O herzigs
liebs
Schätzli
brichs Füeßli
it ab

Wa meinsch Du?

Lieber e troches Maidli im Arm
als e nasse Regeschirm im Bett

Einladung zum Tanz

Marili
Marili

s'Hämbli
luegt für

Ziehs ue
ziehs ue

no tanz i
mit Dir

Wa meinsch Du?

Üsri Maidli sin alli schö
usgno di Wüeschte

D erschti großi Liebi

S'war selbigsmol inre laue Summernacht
wo mi sell Maidli hät a'glacht
s'erschti Schmützli a Nochbers Haselbusch
sell kchlaut ich ihr – husch – husch
es gumpt weg – ich war allei
o Maidli chumm un blib mr treu.

Bim nöchste Treff do hät di Chlai
mr s'zweiti Schmützli gäh, scho ganz allei
des Maidli isch mi Kchostbarsts uf d'Welt
ich pfiff uf alles nu mi Schätzli zählt
gell sprüngsch mr nümme weg – o nai – o nai
o Maidli chumm un blib mr endli treu.

S'dritte Schmützli ich sägs it gern
s'dritte Schmützli has gseh vo fern
sell häts gäh dem andere Kchnab
so isch üsi Fründschaft gäch dann ab
es gumpt weg ich bi wider ganz allei
o Maidli wellem blibsch du endli treu?

Sauwetter

(nassi Erinnerung a de Summer 1980)

O liebi Lüt
s'isch alles naß.
Mi Galle lauft über
wi s'Regefaß.

D'Regeschirm
würd nümme troche
un jede Dag
gits feuchti Sockche.

Muesch gschwind mol
zum Hüsli us
siesch bald us
wi e nasse Mus.

Vo dem viele
hufe Rege
muesch du di
allfurz trochelege.

S'isch nu guet
daß it so blibt
suscht chasch vegesse
die Summerzit.

Me sait, schuld isch
d'Siebeschlöferdag,
wos no guet un gern
sibe Wuche saiche mag.

O Petrus, du dört obe,
gi doch endli Rueh
un draih doch mol
dä Wasserhahne zue.

Ich mein halt
un ich blib debi,
noch jedem Rege
brucht d'Mensch
e chli weng
Sunneschi.

Im Spötlig

Wenn d'Bur
duet de letscht
Haber ifahre

Wenn d'Schwalbe
sich reihe
in Schare

Wenn d'Wirt
duet s'Fäßli
suber putze

Wenn d'Jäger
uf Pirsch göhn
mit'm Stutze

Wenn d'Eichkätzli
d'Wallnüß
im Bode vegrabe

Wenn brotini Herdöpfel
chasch uf'm Feld
zum Für usegrabe

Wenn d'Wald
vefärbt sich
schö chunterbunt

Wenn i d'Stube
sich vedrukcht
de Hund

Wenn du gohsch
mit chalte Füeß
is Bett

Dann waisch
au du
daß herbstelet.

Novemberstürm

Welkchi Blätter
wirble im Wind.
Dunkchli Wolkche
jaged gschwind.

Am Fenster
hänge Regetropfe.
Hörsch wi öbber
duet as Fenster chlopfe?

Gevatter Sturm
bittet zum Reige.
Will dr nu bald
s'End a'zeige.

Doch hinterm vile
trüeb un grau,
venümsch e chli weng
himmelblau.

Ganz obe
lüchtet vo Fern
durchs Nebeltuech
e helle Stern.

O Menscheherz
folg dem Helle – gwüß
un vegiß
all Sorg un Chümmernis.

Am Niklaus-Obe

D'Niklaus isch en brave Ma
alle Chinder glaubet dra.
Zum Vatter un de Muetter gli
bi i immer brav un ordlig gsi.

Drum liebe Niklaus hör mr zue,
schenkch Nüss un Öpfel diem brave Bue.
Andri Chind wo Holzbökch sind
Ruprecht sperrs in Sakch – aber gschwind.

S Hutzelbrot

S'git e Brot
sell schmöckcht mr guet,
wo um d'Wihnachtszit
d'Muetter bache duet.

Trocheni Beerli, Mandle
chömmet ine,
süeßi Fiige
un au Sultanine.

Dörte Bireschnitz
isch s'meischt
dezue e Gutz
Chriesigeist.

S'würd alles gheblet
ganz vo Hand
i de Schüssle
kchräftig durenand.

Wenn de Teig tribt
dann noch obe
chasch d'Bäckch
für si Werkch
kchräftig lobe.

So e Brot
wenn des würd bache
chasch mr
di größti Freud hüt mache.

Chindernachtgebetli

Liebe Gott
mit dine Engeli
lo mi fromm
un brav morn si

lo mr mi
Nachthämbli halt
vil z'chli wäre
abr bald

O Tannebaum

O Tannebaum, o Tannebaum
du bisch so zirlig hüt
du grüensch it nu im Summer
nai au i de chalte Winterszit.

Worum söll ich it grüene?
Wo ich no grüene cha.
Ich ha kchai Vater, Muetter
dä mi vesorge cha.

O Tannebaum, o Tannebaum
du machsch mr großi Freud,
schmelz ab em Herze mir
all' Sorg un Trurigkcheit.

Worum söll ich it schmelze?
Mit Nodleduft un Kcherze
i de chalte Winternacht
di Breschte us'm Herze.

Wiviel isch wiviel?

Wiviel Wassertröpfli gits im Meer?
Wiviel Glitzersternli lüchtet vo obe her?

Wiviel Tirli chrablet ume uf de Welt?
Wiviel Münze hät so alles Geld?

Wiviel Blätter hän üsri Wälder?
Wiviel Hälmli wachset uf de Felder?

I de Heckche häts wiviel Dörner?
I de Ähre häts wiviel Kchörner?

Im Wasser schwimmet wiviel Fischli?
Im Meer häts wiviel Müschli?

Im Ofe häts wiviel heißi Gluet
Durch de Mensch chlüteret wiviel Bluet?

Wiviel Lebe gits wit un breit?
Wiviel Johr isch denn e Ewigkcheit?

Eine ischs wo's weiß,
du chasch'n lobe –
dä dört obe!

Stilles Erwache

S wachst viel Brot
i de Winternacht
denn unterm Schnee
tribts mit Kchraft.

Erst wenn im Lenz
dann d'Sunne lacht,
spürsch gwüß au Du
wa Guets d'Winter schafft.

Un schint dr d'Welt
so öd un leer
un sin di Winterdäg
so ruch un schwer;
denkch drüber no
wer des so macht,
daß wachst viel Brot
i de Winternacht.

Immer uf di Chline

Hüle oder flueche?

D'Karli neulig isch
uf d'Schnurre gfloge,
über en Wackchis
im e hohe Boge.

Er fluecht de Himmel ab
s'isch nümme schö,
s ufgschlage Kchnü
duet'm gottsmäßig weh.

»Nai, nai – no so chli
abr flueche wi e Alte«
geiferet s'Nochbers Mari
zum Früchtli abe unvehalte.

»Schwätz doch kchai Mischt«
muult d'Karli ganz glatt:
»D'Muetter sait immer
zum Hüle bisch z'alt,
du saisch wider
zum Flueche bin i z'jung.
Ich glaub ball
dir gohts im Hirni rum.
Jetzt säg mr nu
du alte Drache,
wenn du uf d'Schnurre flügsch
dätsch du dänn lache?«

Uf em Sandhufe

D'Karli un d'Fritzli
am Sandele sind
un matschet im Sand
üsri zwei Chrottechind.

Do chunnt bi dene Luser
vorbei d'Hauptlehrer Kröll
un frogt wa des Gebilde
vo Sand darstelle söll?

Des isch doch üsri Schuel
muckst d'Karli ungenannt
un Si Herr Lehrer
matsche mr au no zwäg,
wenn de Dreckch no langt.

Wa meinsch Du?

S'Heuchelei
isch e fuuls Ei

Eigesinn
isch kchai Gwinn

E Lache am z'Morge
isch besser als Sorge

Wa meinsch Du?

Hät mr's it
no tät mr's it

E neui Markch

»Well du halt hüt
so manirlig gsi bisch,
leg ich dir e neui Markch
uf de Kchuchitisch«.

Sait zum Büebli
d'Tante Theolind,
di de Luser hüt
so ganz ordlig find.

D'Fritz bedankt sich,
wi sich's ghört als Bue
un sait zu de Tante:
En verumpflete Zehmarkchschi
häts au tue!

Ich mein halt . . .

Nümm doch jede
wi er isch,
so nümmt mr di au
wi du bisch!

Wer Dag für Dag
nu Kchueche ißt

un Gutselle
un Schokcholad,

dä weiß jo nümme
wenn Sunntig isch

un sell find ich
halt schad.

D Entschuldigung

De chli Fritz will hüt
vom Unterricht frei,
well de Großvatter
doch gstorbe sei.

Die Bitt vom Fritzle
d Lehrer als Schwindel hält.
S'Fritzles Großvatter hüt morge er
am Fenster no hockche gsehe hät.

Doch de Luser isch schlau
un au gar it velege.
Er meint zuem Lehrer
wo en will a de Ohre hebe:

»D'Vatter hät de Opa
nomol as Fenster gsetzt,
wells morn doch Rente git
un di hole mr nomol jetzt!«

»Guet daß dr Ma gstorbe isch«
häts Marili-Wiibli gsait
»er hät doch nümmi
lang glebt«.

Sell arm Müsli

De chli Fritzle
gwitzt i alle Dinge
mueß em Herr Pfaarer
e Glas Honig bringe.
Vegellts Gott will d'Herr
im Fritzle sage,
für die kchöstlig
guete Honiggabe.

Doch de Fritzle
meint do unterdesse:
»Wüsset se Herr Pfaarer
dä Honig het doch
niemert me gesse,
weder de Vatter,
no d'Muetter, no i,
s'isch nämlig
e vesoffini Mus
drin gsi.

D Gripp

D'Karli chli
häts Ranzepfiefe,
chalte Schweiß
duet nu so abetrife.

So ligt d'Luser
kchrank im Bett
un lutscht
e roti Gripptablet.

D'Dokchter inspiziert
üsern Karli chli,
frogt zwüschedure
s'bsorgt Müertterli:

Frau Müller
wa mi gli intressiert,
hät d'Karli
z'Nacht phantasiert?

Jo, jo, Herr Dokchter
hucht's mit lisliger Stimm.
Zweimol hät'r
aber nu ganz dünn.

S Nochbers Chueh

Vatter bi üs frißt
e fremdi Chueh
im Garte d'Chabis ab
un du luegsch zue.

O Karli loß di Chueh
de ufgschoße Chabis fresse
ich hol d'Chübbel
un melch se unterdesse.

Wa meinsch Du?

D'Lüt
säget immer

d'Zite
wöret schlimmer.

Ich mein
Zite blibet immer

nu d'Lüt
wöret schlimmer.

Wa meinsch Du?

E Schneckch ohni Hus
e Chatz ohni Mus

e Baum ohni Frucht
e Maidli ohni Zucht

e Tür ohni Riegel
e Bueb ohni Prügel

e Rippli ohni Kchrut
e Hochzit ohni Brut

e Suppe ohni Salz
e Kchüechli ohni Schmalz

e Leid ohni Schmerz
e Mensch ohni Herz

e Ma ohni Ehr

isch alles it wit her!

Wa meinsch Du?
Wenn d'Falschheit brenne dät
wies Für;

dann wärs Heizöl
it so tür.

Einer wo am absufe isch

E Franzos isch emol
am Rhi is Wasser gfalle
un hät mit Händ un Füeß
i däne Strudel umegwallet.

Er goht allbott unter
un chunnt au in d'Höh.
Do schreit'r us vollem Hals
– Mon Dieu – Mon Dieu.

D'Fritzli stoht a de Böschig
un schreit em zue ganz hämisch:
Du Simpel hetsch s'Schwimme glehrt,
statt di Französisch!

D Führerschi

Vatter plogt
d'Karli-Bue,
endli hör mr
doch mol zue.

Achtzeh bin i
un gnueg alt,
um d'Führerschi
ball z'mache halt.

Gwüß Bue
bisch alt
gnueg dezue.
Nu mi Auto it
min liebe Bue.

Chinder bettet, dä Vatter
chunnt us de Beiz
mit'm Ruusch im Gsicht
hät d'Mari gsait.

De Neurich

D'Onkchel us Amerika
im Ochse unte vezählt,
wi riich er hüt isch
un vo sim hufe Geld.

Agfange hätr
als Tellerwäscher
bettelarm.
Hüt hätr
e großi Rinderfarm.

Sin Bsitz sei hüt
so groß un rund,
daß er im Auto brucht
so a di vier Stund.

Bedächtli sait do
d'Karli vo hintedra:
So e alti Chiste
ha ich au mol gha.

Wa isch e Sünd?

D'Karli bichtet hüt
bim Pfaarer sini Sünd,
di er mol gmacht hät,
wa nr halt so zämmefind.

Do heb'r d'Werchtigtschope
vom Vatter gestern – schnell
deheim d'Stege abegworfe
i d'Eckche – gell.

Karli des isch
kchai großi Sünd,
wenn du it zörnlig warsch
debii in dinem Grind.

Herr Pfaarer mi Seel'
isch villicht doch e'weng befleckt
d'Vatter isch nämlig au no
i sellem Tschope drin gsteckcht.

E Mißverständnis

D'Karli ziht z'Waldshuet
als Untermieter i
in e ruhigs Hus
un frogt si Huswirti:
Frau Müller ich ha no
mi Mandoline debi.

Jo des macht nüt
sait d'Mülleri,
i stell halt no
e zweits Bett
in ihr Zimmer dri.

Wa meinsch Du?

»Dinne ischs gli, aber dusse it«
hät di alt Hebamm gsait.

D Radikalkchur

D'Mari schribt a ihre Karli
us dr Kchur vo Bad Wildunge.
I sechs Woche ha ich
s'halbi Gwicht mr abgrunge.
Wi lang söll ich no
i dr Kchur jetzt blibe?
Gell Karli tue mr schnell
e schöns Briefli schribe.

Un wa schribt dr Karli
dä wüescht Kchnoche?

Hä no blibsch halt nomol
so sechs Woche.

Am Stammtisch

D'Karli hockcht
mit em Heinerli
am Stammtisch
bim Virteli.

S'würd gschwätzt
vo de alte Zit
vo Kchrieg un Not
un de Uglückch hüt.

»Jo bigoscht« sait
d'Karli uf s'Neu.
»Ei Uglückch chunnt
halt selte allei.
Im Kchrieg ha ich
d'Vatter selig velore
un di letscht Nacht
isch mr d'Abtritt igfrore«

D Wetterprophet

D'Karli plogt de Ischias
Breschte sin scho zimlig kchraß.
So hät'r gmacht e Badekchur,
lot sich massiere dur un dur.

D'Schmerze sin jetzt wi weg
meint'r do neulig öbbis velege,
aber ich cha vedori s'Wetter
mängisch nümmi gnau vorussäge.

Wa meinsch Du?

Lang lebe wänn Alli,
aber niemert will alt wäre.

Chindersege

D'Mari isch schwer kchrankch
un ligt scho im Sterbe.
Waisch Karli-Ma, wenn mr goht,
denkcht mr au weng as Veerbe.

Gwüß Mari, sait d'Karli-Ma
abr ei Frog ich a di no ha.
Waisch s'isch au din Sege
wenn jetzt tuesch d'Wohret säge.

Gell Mari, s'Bärbeli,
üser Rothoorigs schier,
gell sell isch
it vo mir?

Hä wa denksch au
lieber Karli-Ma,
s'Bärbeli scho;
aber it di drei
Schwarzhoorige hintedra.

»Gege di Höchere bisch machtlos«
hät sell Maidli gsait
un hät vom Burgemeischter
e Chind übercho.

S eifach Lebe

S'Lebe isch schö
abr saumäßig tür
un wa no häsch
frißt d'Stür.

Du chasch's
au eifacher
un billiger ha;
aber dann isch's
lang nümmi so schö
meint üser Karli-Ma.

Wa meinsch Du?

Nüt ha isch e ruehigi Sach
it emol e Gaiß – di Sell
sött au no verrekche

Jede chunnt mol dra

Wa meinsch Du?

D'Rose im Garte
blüehe jede Summer

D'Mensch blüeht nu eimol
des isch halt sin Kchummer.

Chindermul

D'Großmuetter goht mit'm Karli
anre saftige Wiese vorbi.
D'Karli rupft e Hampfle Gras us
un sait: »Do Großmuetter biß ri!«

»Hä nai Karli des Gras
cha mr doch it so esse«
belehrt d'Großmuetter
d'Karli unterdesse.

»Doch, doch i ha gester obe
ganz dütli ghört,
wi d'Vatter d'Muetter
im Bett no vezählt,
wenn di Alt dann mol
is Gras bißt, lieber Schatz,
gohts üs gli besser
un mr hän erst no meh Platz!«

D Chlapperstorch

»Glaubsch du denn nümme
a de Storch« frogts Tanteli
so wunderfizig deheim
s'chli Annemarili.

»Hä Tante – nai
ich glaub nümme dra;
aber mi großi Schwöster
würd ball glaube dra!«

Wa meinsch Du?

D'Jumpfere un d'Eier
sött mr it z'lang ufhebe.

Moderni Frog?

S'chunnt ins Warehus
Herr Mümpf

Fräulein, bitte,
e Paar Damestrümpf.

Für ihre liebi
Frau Mari

oder sölls öbbis
bessers si ?

Vom Stammbaum

D'Mäxli rennt
zum Vatter nab.
Du Vatter stimmts,
stammt d'Mensch
vom Affe ab?

Do sait d'Vatter
zue sim chline Wicht,
du stammsch villicht
vo eim ab,
ich abr nicht!

Chinder haltet d'Schnörre
un stellet d'Fernseh ab,
hät d'Muetter gsait,
d'Vatter will d'Name schribe.

E neu Kchuecherezept

Hundert Grämmli Furtschritt
vilhundert Gramm Lärm
e Gutz Umweltverschmutzig
e Hampfle härte Kchern.

Verühr des alles
zum e zähe Brei.
Glaub mrs gwüß
sell Rezept isch neu.

Willsch du dä Teig
emol zur Prob vesueche,
rot ich dir ab
vo sellem Wunderkchueche.

Di gfährlig Mischig
isch e schlechti Norm,
hät nümmi Platz
i de Guggelhupfform.

Drum bach din Kchueche
noch em eigene Rezept.
Nümm Eier un Mehl
un Butter un Fett.

Selle Kchueche gwüß
dä chasch no esse,
de ander Scherbe
wämmer schnell vegesse.

Zuespruch

Vergiß im Alldag d'Liebi it,
wenn Di e Zörnli fascht veschlingt.
Denn Lieb allei isch Liecht, statt Stritt,
wo ab un zue durchs Fistri dringt.

Hät Dir mol s'Glückch nu semprig glacht
un Du vezwieflisch fascht am Lebe;
d'Liebi hätt e starkchi Macht
Dir Trost un Hoffnig z'gebe.

E vedächtig Gräusch

Ma, Ma stand uff
s'isch kchai Bluff
i mim Bett
e Mus graschlet hät!

O lo mi schlofe, liebe Schatz
ich bi doch kchai Kchatz!

D Weltuntergang

D'Herr Pfaarer vezällt
im Religionsunterricht
vom Weltuntergang
un vom jüngste Gricht.
Dundere würds
un blitze am Horizont.
Orkane werde überrolle
s'ganzi Erderund
un di Tote
werdet auferstehn –
schnuflos still
würd's i de Klasse zehn.
Allmälig lupft d'Finger
s'Müllers Peter:
Herr Pfaarer hän mir
dann schuelfrei
bi so me Sauwetter?

D Rente

Im Storre-Frieder ligts
no lang im Mage,
daß es sin Kchumpel d'Karli
hät vom Baum erschlage.

Bim Holz haue
im Wald isch's gsi,
wo d'Karli usghucht hät
sin Lebensschi.

Noch e paar Monet trifft
em Frieder si Frau no spot
di arm Witwe un frogt se
wiesre au so goht?

Hä mir gohts guet
sait d'Witwe vom Karli-Ma:
Ich ha e gueti Rente
mi Seel, it kchlage ich cha.

Do geifert di Ander
hinterlischtig i alle Dinge:
Un min Frieder, dä Sümpel
hät müesse im falsche
Moment wegspringe.

Wege Sellere!

Wa pflüschterlet
di Sell
zu Sellere?

No dät ich mi
wege Sellere
halt scheide lo.

Do geifert
di Sell
zu Sellere.

Scheide lo?
Nai!

Aber vedrukche hät i
de Sell
wege Sellere
scho mängisch kchönne!

De alte Trüeli

D'Landrot macht
do neulig halt
e Ortsbereisig
ufm Hotzewald.

Noch de lange
Inspektion
goht die ganzi
Honoration
zum Vespere bi de
Frau Burgemeischteri.
Jo di Brotwürst
schmökchet chöstli
un au de neui Wi.

Uf eimol frogt
de Herr Landrot
licht velege:
Frau Müller worum
duet nu bi mir
e Serviettli lige?

Huslig sait do
d'Burgemeischteri:
Herr Landrot
wüsset Si,
Serviette leg i nu no
für d'Herre nebedra,
minem Alte ich s'Trüele
scho lang abgwöhnt ha.

Ei Ei Ei

Zwei Hüehner treffe sich
am Chilbiplatz hine.
S'eint isch vo Waldshuet
s'ander vo Düenge.

Si gackcheret mitenand
heftig ufgregt,
im Lade sin
zwei Sorte Eier usglegt.
Di Eine chostet zweiezwanzig
di Andre vierezwanzig Pfennig.

Isch dä Priis jetzt z'viel
oder isch's z'wenig?

Do gackcheret s'Düengemer Hüehnli
zu de Nochberi dure beflisse:
Wäge dene zwei Pfennig meh
lo ich mr s'Füdeli it veriße.

Fundsache

S'findet mängis Huehn
das blind,
au mol e Weizekchorn
im Gras.

S'findet mängis
Schuelerchind
en Bög
i sinre Schnuddernas.

Un jede Deckchel
wo mr hät,
find mängis
s'passend Häfeli.

Schöni Träum
im Heiabett,
sell find ich
sötts mängis si.

E Rölli findet
i de Früehligszit
si samtigspfötigs
schnurrigs Büsseli.

Mängis Maidli
findet au no hüt,
de Vatter
fürs chli Buscheli.

S'findet mängis
helli Kchöpfli
no mängis
z'entdeckche.

Nu en velorne
Hosekchnopf
findsch mängis it,
s'isch zum Vereckche.

En guete Rot

Bi flißig wi
e Bienli

bi schlau wi
e Füchsli

bi suber wi
e Kchätzli

so häsch ball
e Schätzli

aber nu wenn wit!

E Minütli Alemannisch für Zuegreiste

Hier schriftdeutsch:

Grüß Gott

Mahlzeit

Wie stehts mit ihrem Magen?

Jetzt ist es genug, mir hängt
alles zum Hals heraus.

Wenn Sie jetzt nicht still sind,
haue ich Ihnen eine runter.

Das ist ja großartig

Ein Pferd

Eine große, starke, dicke Frau

Jemand der sich daneben benimmt

Ein immer Arbeitender.

Do alemannisch:

Guede Dag

En Guete

Häsch immer no s'Ranzepfiefe?

Ich ha d'Schnörre voll.

Entweder du haltsch jetzt d'Schnurre
oder ich hau dr d'Schnörre voll.

Des isch bockch

e Roß

e Roß

e Roß

e Roß

Wa meinsch Du?

Wer it mag
Wi, Gsang
un schöni Fraue;
sellem sött mr
dreimol am Dag
d'Ranze vehaue.

O wi wär
s'Lebe so chalt
un so arm,
hätsch kchai Wi
un kchai Maidli
im Arm.

Wo mr guete
Wi sürpflet,
chasch getrost
veschnufe,
bösi Mensche
sürpflet it –
di Selle suufet.

O wa für e Freud

Ich freu mi amig,
wenn ich di seh,
daß du di freusch,
wenn du mi sehsch.

Freusch du di au,
wenn du mi gsehsch,
daß ich mi freu,
wenn ich di seh?

Wa meinsch Du?

Hützudag kchaufet d'Lüt
mit'm Geld,
wo se it hän,
Sache
wo se it wän.

Worum dänn??

Um de Lüt
z'imponiere,
di se suscht it
ästimiere!

Wochebrevier

Am Mändig fangt d'Woche a
am Mändig fang langsam a.
Wa de chasch no morn vesorge
sell veschieb uf übermorge.

Am Zischtig häsch dann Kchraft,
wenn de Ander für di schafft.
Doch eis, zwei, drei,
isch de Zischtig scho vorbei.

Am Mittwoch chunnt dä Entschluß,
ich will, es würd, es muß,
denn bis morn isch's nümme wit,
o wi schnell vegoht di Zit.

Am Dunnschtig endli gang i dra,
doch wo fang ich hüt bloß a?
Scho isch's wieder spoti Nacht
un ich ha no nüt hüt gmacht.

Am Fritig gilts vo altersher,
wa hüt machsch – ligsch quer.
Drum hät mr früeher üs als glehrt,
wenn gar nüt machsch – machsch nüt vekehrt.

Am Samstig chunnt en Dag,
wo ich am Liebste schlofe mag.
Hüt schaffe lohnt sich nicht,
denn Ruehi isch des Bürgers Pflicht.

Am Sunntig do möchtsch alles tue,
doch hüt bruchsch grad di Augerueh.
Zum Schaffe isch's scho wider z'spot,
o Chinder wi di Zit vegoht.

Schlüsselchind

Am Morge kriegsch
e Schlüssel am Bändeli
um de Hals.
Springsch duse ume
un scho kchnallts.

D'Schiibe splitteret
uf de Bordstei abe.
D'Vesicherig duet
de Schade jo zahle.

Am Z'Obe chömmet
di Alte vom Schaffe
– gell so Sperenzli
duesch nümme mache.

Am Morge kriegsch
e Schlüssel am Bändeli
um de Hals,
– gell hüt bisch brav
suscht kchnallts.

So chrampfet di Alte
zämme s'großi Geld
un s'Chind uf de Stroß
d'Bettelgrosche zählt.

Am z'Obe schlofts i
uf'm sterile Paradekisse.
Meinsch di selle Alte
plogt au emol
e Schuld un e Gwüße?

Am Morge kriegsch
e Schlüssel am Bändeli
um de Hals.

Dr Wälderbur

Guet isch dr Wälder
wi selte Einer,
a Gmüetsrueh
übertrifft'n kcheiner,
im Schwätze isch'r
zwar weng fuul,
er häts im Hirni
un halt it im Mul.

Empfindli isch'r wirkli it
wenn'r kriegt emol en Tritt.
Nu eis des cha er it veträge
zur Warnig will ich's jedem säge,
er würd verrukcht un isch empört,
sobald mr en am Znüni stört.

Z Waldshuet-Düenge

Am Hochrih gits e Stadt so schö
s heißt Waldshuet-Düenge, wa wit no meh.

Und chunsch Du mol i üsri Eckche,
do bruche mr üs it versteckche.

Bi üs würds dr allimol no gfalle,
denn Du bisch bi echte Alemanne.

Kehrsch wider heim an eigne Herd
saisch bstimmt Waldshuet-Düenge
war e Bsüechli wert.

Nachtwächterliedli vom Klettgau

(us de Badische Revolution vo 1848/49)
frei gschriebe noch'm Höresage

Un s'Volkch isch überall vewacht!
Nei loset, wies zentume kchracht.
Vom Unterland bis zu üs am Rhi,
wills Volkch jetzt selber Meister si.

Ihr dütsche Fürste, chli un groß,
jetzt gohts uf euri Kchrönli los.
Es schient, daß jetzt kchai Kchrone gilt,
als öbbe die im Wirtshusschild.

Me hät üs gschunde, hät üs drukcht,
me hän de Zorn lang gnueg verschlukcht.
Mr dankchet Gott mit Wib un Chind,
wenn mr emol di Plog ab sind.

Hochalemannische Schimpfolympiade

Du bisch en Aff
       en Bäffzgi
       en Bettsaicher
       en Dilldapp
       en Dubel
       en Flotschi
       en Gackeli
       en Glunki
       en Gschuderi
       en Gütterlischisser
       en Hagebuechene
       en Hagsaicher
       en Huetsimpel
       en Hämbglunki
       en Chnottli
       en Chrüppel
       en Chübelimuurer
       en Laferi
       en Latschi
       en Lotteri
       en Lumpesekchel
       en Maidlischmökcher
       en Plari
       en Pläri
       en Rohraff
       en Rotzlappe
       en Rotzlöffel
       en Rüpfel
       en Sauhund
       en Schlawiener
       en Schlurpi

en Schmürzeler
en Schnörri
en Schnuderi
en Schofsekchel
en Schürepürzler
en Saicher
en Simpel
en Suribel
en Sürmel
en Teigaff
en Tralöri
en Trampel
en Trüeli
en Tschuderi
en Tüpflischieser
en Ziehfekte
en Zwukchel.

Z Waldshuet i de Bismarckstroß 19

Suscht wär ich witers it betrübt
i minre Zelle do.
E Unrecht han ich it verübt
drum schlats Herz no froh.

E schöni Wohnig isch des it,
ha nu Bett, Stuehl un Tisch.
Durchs Fenster gseh ich au it wit,
wells gar hoch obe isch.

So sitz ich bald e halbis Johr
un weis no nit worum?
E frei Herz han i, sell isch wohr,
drumm heißts: Is Loch un brumm!

D Hirschewirt

D alt Hirschewirt
hockcht ufm Bänkchli
vor sim Hus
luegt meh
i si Innres
un wenig
noch use drus.

Er hockcht
weng veträumt
un gwärmt sich
a de Sunn,
im Struch
pfift e Amsle,
s röhrlet am Brunn.

Si Hoor isch
voll Winter,
d'Bart
isch wi Schnee,
doch äne am Garte
blüeht d'Anger
un s duftet d'Kchlee.

Si Gsicht isch
voll Furche,
wi e frisch
g'ackert Land
un en Stekche
umkchlammert
e zittrigi Hand.

Zipfelkchabbe
trait r
ufm graue Hoor,
vom Morge bis z'Obe
am Werchtig
am Sunntig
s ganzi Johr.

Doch eis cha mr
im Gsicht no erkenne,
ganz dütli
un kchlar,
daß früeher
d'Hirschewirt
en ganz Andere war.

Us Muetters Kochbüechli

Nümm e s'Quäntli
guete Wille

Fufzig Gramm
Bscheideheit

Un e großi Dose
Frohsinn

Dezue e Löffel
Verträglichkcheit.

Misch i selli gueti Sache
e weng Vetraue au drin i
un du häsch für alli Zite
e Rezept zum glücklich si.

Aufmunterung

Grüeble it blind a dine Sorge
hader it mit'm Mißgeschickch.
Schnell chunnt e neue Morge
un villicht au neuis Glückch.

Vestrickch di it i dini Sorge
un goht'r hüt au gar nüt zwäg;
schnell chunnt e neue Morge,
s'Glückch goht halt mängi Weg.

Worterklärungen für (Noch)Nicht-Alemannen

ästimiere	anerkennen
Abtritt	Toilette
allbott	manchmal
allfurz	vielmals
Blätz	Stoffrest
Breschte	Schmerzen
Bruuch	Brauch, Sitte
Chriesli	Kirschen
Chriesigeischt	Kirschwasser
chlütere	langsam fließen
chrable	kriechen
Dübli	Taube
Eichkätzli	Eichhörnchen
Füdle	Gesäß
Grind	Kopf
gsait	gesagt
gumpe	springen
Gutselle	Bonbons
Gutz	ein Spritzer
Hämb	Hemd
Hampfle	eine Handvoll
heble	Teig kneten
Herdöpfel	Kartoffel
huslig	geschäftig, schnell
jo	ja
Luser	Lausejunge
pflüschterle	flüstern
Ranzepfife	Bauchschmerzen
ruch	rauh, roh
säge	sagen
Schmützli	Küßchen

Schnättertäsche	geschwätzige Frau
Schnurre	Maul, Mund, Schnauze
Schuehni	Schuster
Spötlig	Herbst
trüele	bekleckern
verumpflet	zerknittert
Waldshuet-Düenge	Waldshut-Tiengen (Stadt am Hochrhein)
Wackis	großer Stein
Werchtigtschope	Arbeitsjacke
zentume	ringsumher
Zöttzeli	Zotteln
Znüni	Neunuhrbrot

Wa drin stoht

Seite

	Zit isch do
5	Wa meinsch Du? Wer Kchrach macht...
6	Mi Haimet
7	Wa meinsch Du? E schös Hüsli...
8	Wer? Wer?
9	Narrespüch vo Waldshuet un vo Düenge
11	Für Narresprüchli ha ich immer Platz
13	Früehligszit
14	Zum Muetterdag
15	Mi Gärtli
16	Auszählreim
17	De Chriesibaum
19	S Pfingstdübli
20	Auszählreim
21	E wunderschös Blüemli
22	Chumm Schätzli
23	Einladung zum Tanz
24	D erschti großi Liebi
25	Sauwetter
27	Im Spötlig
28	Novemberstürm
29	Am Niklaus-Obe
30	S Hutzelbrot
31	Chindernachtgebetli
32	O Tannebaum

Seite

33	Wiviel isch wiviel?
34	Stilles Erwache
	Immer uf di Chline
37	Hüle oder flueche?
38	Uf em Sandhufe
39	Wa meinsch Du? S'Heuchelei...
40	E neui Markch
41	Ich mein halt
42	D Entschuldigung
44	Sell arm Müsli
45	D Gripp
46	S Nochbers Chueh
46	Wa meinsch Du? D'Lüt säget immer...
47	Wa meinsch Du? E Schneckch ohne Hus...
48	Einer wo am absufe isch
49	D Führerschi
50	De Neurich
51	Wa isch e Sünd?
52	E Mißverständnis
53	D Radikalkchur
54	Am Stammtisch
55	D Wetterprophet
56	Chindersege
57	S eifach Lebe
	Jede chunnt mol dra
59	Wa meinsch Du? D'Rose im Garte
60	Chindermul
61	D Chlapperstorch

Seite

62	Moderni Frog?
63	Vom Stammbaum
64	E neu Kchuecherezept
65	Zuespruch
66	E vedächtig Gräusch
67	D Weltuntergang
68	D Rente
69	Wege Sellere!
70	De alt Trüeli
71	Ei Ei Ei
72	Fundsache
73	En guete Rot
74	E Minütli Alemannisch für Zuegreiste
76	Wa meinsch Du? Wer it mag...
77	O wa für e Freud
78	Wa meinsch Du? Hützudag...
79	Wochebrevier
80	Schlüsselchind
81	Dr Wälderbur
82	Z Waldshuet-Düenge
83	Nachtwächterliedli vom Klettgau
84	Hochalemannische Schimpfolympiade
86	Z Waldshuet i de Bismarckstroß 19
87	D Hirschewirt
89	Us Muetters Kochbüechli
90	Aufmunterung
91	Worterklärungen für (Noch)Nicht-Alemannen
93	Inhaltsverzeichnis

In unserem Verlag ist bisher erschienen:

Alemannische Mundart

Gertrud Dieckhoff, Klaus Meier, Wa meinsch Du? (Waldshut)
Lothar Rohrer, Theresia Schneider, S Glück vom eifache Läbe (Bodensee – Höri)

Gemalte Bildbände

Boleslav Kvapil, Max Rieple, Dieser zauberhafte Bodensee
Franz Götz, Lothar Rohrer, Die Welt der Fasnachtsnarren
Boleslav Kvapil, Max Rieple, Lockendes Land am Oberrhein
Elfriede Gams, Hans Gottanka, Sehnsucht nach München
Evelyn Frese, Eva M. Spaeth, Mainseliges Weinfranken
Rolf Italiaander, Schleswig-Holstein Zwei Meere – ein Land
Rüdiger Mühlnickel, Monika Reichmann, Romantische Fränkische Schweiz
Helena Brockmeyer-Mann, Heidrun Maurer, Märchenhafter Schwarzwald
Rolf Italiaander, »Ich bin ein Berliner«
Rolf Italiaander, Jenseits der deutsch-deutschen Grenze
Inge Peitzsch, G'lebt is glei

© by Weidling Verlag GmbH, 7768 Stockach-Wahlwies 1981.
Alle Rechte vorbehalten. ISBN 3-922095-12-7.
Typographie: Schuma
Druck und Reprodukti ies.
Bindung: Walter-Verla